Ole Könnecke &

Camillo ha un segreto

Un libro fai da te

BEISLER EDITORE

Titolo originale: *Antons Geheimnis. Ein Fertigmalbuch*

© 2007 Carl Hanser Verlag München Wien

Per l'edizione italiana: © 2007 Beisler Editore s.r.l., Via Germanico 96, 00192 Roma. Tutti i diritti riservati

Traduzione dal tedesco di Chiara Belliti

Finito di stampare nel mese di febbraio 2007 presso Memminger MedienCentrum Ag. • Printed in Germany • ISBN 978-88-7459-011-7

Ecco Camillo.
Camillo sta andando ai giardinetti.

Ma all'improvviso sbaglia strada.
Camillo si è smarrito.

Camillo ha proprio sbagliato strada.
Camillo sente un rumore. E se fosse un animale?

No, è un mostro!

Camillo fugge veloce.

Camillo si nasconde nel bosco.
Nel bosco i mostri non ci sono.

Però ci sono i pirati!

Camillo sfida i pirati.

Camillo fa molta paura ai pirati.
I pirati se la danno a gambe.

Oh, un tesoro! Il tesoro dei pirati.
Scappa scappa, lo hanno dimenticato.

A Camillo non servono i dobloni d'oro.
Così spartisce il tesoro fra gli animali.

Gli uccellini lo vogliono ringraziare,
e gli insegnano a volare.

Camillo spicca il volo.

Camillo vola alto nel cielo, e va lontano lontano.

Oh, guarda, una principessa! Camillo atterra.

Camillo coglie un mazzolino di fiori.

La principessa fa suonare la musica.
Camillo e la principessa danzano.

Camillo è un bravo ballerino.

Oh, la principessa non c'è più!

Camillo corre a cercarla.

Ma dov'è finito Camillo?
Questo posto fa venire i brividi.

Camillo salta sopra una fossa
infestata da coccodrilli.

Una strega sta per fargli un incantesimo,
ma Camillo è più veloce di lei e lesto scappa via.

Un robot sta per catturarlo,
ma Camillo è più veloce di lui e lesto scappa via.

Camillo corre veloce come il vento.
Nessuno lo può fermare.

Ora Camillo si ricorda la strada
per i giardinetti.

Oh, guarda, ci sono Luca, Nina e Carla!

- Sei arrivato, finalmente!, dice Luca.
- Dov'eri finito?

Ma Camillo rimane muto come un pesce.
Il suo è un segreto. Il segreto di Camillo.